영원한 도움의 성모
이콘으로 드리는 9일 기도

성서와함께

Novena Meditations to Our Mother of Perpetual Help

compiled by David Werthmann

This 2019 Edition is published by Living with Scripture Publishers
under arrangement with Liguori Publications, Liguori, Missouri, USA.
www.liguori.org.

Copyright © 2004 David Werthmann. All rights reserved.

Translated by the Sisters of Our Lady of Perpetual Help

Korean translation copyright © 2019 Living with Scripture Publishers, Seoul, Korea.

이 책의 한국어판 저작권은 Liguori Publications와 독점 계약한
'성서와함께'에 있습니다.
저작권법의 보호를 받는 저작물이므로 무단 전재와 복제를 금합니다.

영원한 도움의 성모 이콘으로 드리는 9일 기도

차례

영원한 도움의 성모 이콘으로 드리는 9일 기도

영원한 도움의 성모 이콘	7
9일 기도란 무엇인가?	8
시작기도	9
호칭기도	10
마침기도	11
첫째 날: 마리아의 얼굴	14
둘째 날: 마리아의 옷	20
셋째 날: 마리아의 별	26
넷째 날: 마리아의 손	32
다섯째 날: 소년 예수	38
여섯째 날: 예수의 손	44

일곱째 날: 예수의 샌들	48
여덟째 날: 가브리엘 대천사	54
아홉째 날: 미카엘 대천사	58

영원한 도움의 성모께 전구를 청하는 기도

죄인들의 회개를 위하여	64
병을 앓고 있을 때	66
경제적 어려움에 처했을 때	68
부르심을 알기 위하여	70
연옥 영혼들을 위하여	72
화목한 가정을 위하여	74

영원한 도움의 성모 이콘

영원한 도움의 성모 이콘은 단순히 아름다운 그림이 아니다. 이 이콘은 시대를 초월하는 하나의 메시지이다. 이콘 속 성모님은 예수님을 가리키고 있으며 우리를 예수님께로 이끄신다. 당신이 사랑하는 자녀인 우리를 향한, 성모님의 주의 깊은 관심은 결코 다함이 없으며 영원하다.

영원한 도움의 성모 이콘에 담긴 풍요로운 메시지를 온전히 이해하기 위해서는, 단순히 이콘을 보는 것만으로는 충분하지 않다. 이콘이 지닌 상징을 '읽음'으로써 그것이 지닌 영적 메시지를 알아들어야 한다. 그것이 바로 이 9일 기도에 나오는 '이콘 묵상'이 지향하는 바이다. 이 9일 기도를 바침으로써 영원한 도움의 성모님에 대한 우리의 신심이 더 깊어지기를 소망한다.

9일 기도란 무엇인가?

9일 기도는 우리가 규칙적으로 기도하는 습관을 형성하는 데 도움을 주는 좋은 방법이다. 전통적으로 9일 기도는 하나의 기도 또는 여러 개의 다른 기도를 9일 동안 연속으로 바치는 것을 의미한다. 그러나 하루 9시간 동안 연이어 바치는 기도를 의미할 수도 있고, 9주에 걸쳐 매주 어떤 특정한 날에 드리는 기도를 의미할 수도 있다. 9일 기도를 하는 데 항구히 기도한다는 것 이외에 지켜야 할 또 다른 규범은 없다. 이와 같은 기도와 신심을 통해, 복되신 동정녀는 우리의 삶으로 들어오시고 우리의 필요와 걱정을 나누어 가지신다. 우리가 함께 기도해달라고 성모님께 청하고, 또 성모님과 함께 기도함으로써 성모님과 우리 사이의 우정은 자라난다.

시작기도

지극히 거룩하시고 원죄 없이 잉태되신 동정녀시며
우리의 어머니이신 마리아여,
당신은 우리의 '영원한 도움'이시며
우리의 피난처요 희망이십니다.
오늘 저희가 당신 앞에 왔습니다.
어머니의 전구로 받은 모든 은총에 대해
하느님께 감사를 드립니다.
영원한 도움의 성모님,
언제나 당신을 사랑하고
모든 이를 당신께로 이끌 것을 약속드립니다.
하느님께서 저희에게 유혹을 극복할 힘을 주시고
예수 그리스도를 향한 완전한 사랑을 주시며
거룩하게 죽음을 맞이할 은총을 주시도록 빌어주소서.
그리하여 저희가 어머니와 아드님과 함께
영원히 살 수 있도록 당신 친히 하느님께 빌어주소서. 아멘.

호칭기도

거룩하신 하느님의 어머니, 저희를 위하여 빌어주소서.

거룩하신 동정녀들의 동정녀, 저희를 위하여 빌어주소서.

빛나는 샛별, 저희를 위하여 빌어주소서.

고통받는 이들의 위로자, 저희를 위하여 빌어주소서.

그리스도의 어머니, 저희를 위하여 빌어주소서.

구세주의 어머니, 저희를 위하여 빌어주소서.

기쁨의 샘, 저희를 위하여 빌어주소서.

지극히 공경하올 동정녀, 저희를 위하여 빌어주소서.

든든한 힘이신 동정녀, 저희를 위하여 빌어주소서.

마침기도

전능하시고 자비로우신 주님,

당신은 저희에게

'영원한 도움의 성모님'이라고 불리는

당신 아드님 어머니의 성화를 주셨습니다.

삶에서 겪는 모든 어려움 가운데

저희가 동정 성모님의 끊임없는 보호를 받게 하시며

영원한 구원의 상급을 얻게 하소서.

당신께서는 영원히 살아 계시며 다스리시나이다. 아멘.

영원한 도움의 성모
이콘으로 드리는 9일 기도

첫째 날: 마리아의 얼굴

시작기도 _ 9쪽

호칭기도 _ 10쪽

이콘 묵상

영원한 도움의 성모 성화에서 마리아는 고요하고 엄숙한 모습이다. 가늘고 진한 눈썹 아래 있는 아몬드 모양의 눈, 좁고 긴 코, 꼭 다문 입술은 아름다우면서도 엄숙하다. 살짝 감긴 듯한 눈은, 아들이 겪게 될 수난과 세상 모든 이가 겪게 될 수난을 바라보기 때문에 말로 표현할 수 없는 슬픔과 연민을 담고 있다.

성화 속 마리아의 탄원 가득한 눈빛은 우리를 응시하고 있다. 그 눈은 마리아를 바라보는 모든 이의 마음 깊은 곳까지 꿰뚫어본다. 마리아는 아들만 바라보는 것이 아니라, 슬프면서도 부드러운 눈빛으로, 입양된 자녀들인 우리와도 대화하려는 것처럼 보인다. 마치 우리의 슬픔과 두려움에 공감하고 있음을 표현하는 듯한 눈빛이다.

  이 이콘에서 마리아의 눈은 큰 편이다. 그것은 마리아의 눈이 우리 모두에게 무엇이 필요한지를 보고 있기 때문이며, 또한 우리의 어려움을 자기 앞에 가져오라고 초대하기 때문이다. 이 이콘을 그린 화가는 마리아가 우리의 삶과 영적 성장에 대해 지닌 관심을 뛰어나게 표현하였다. 잠시 멈추어 이 아름다운 성화를 응시해보라. 마리아의 눈이 당신 마음의 깊은 곳을 읽을 수 있도록.

말씀 묵상
아가 6,9-10

나의 비둘기, 나의 티 없는 여인은 오직 하나

그 어머니의 오직 하나뿐인 딸

그 생모가 아끼는 딸.

그를 보고 아가씨들은 복되다 하고

왕비들과 후궁들은 칭송한다네.

새벽빛처럼 솟아오르고

달처럼 아름다우며

해처럼 빛나고

기를 든 군대처럼 두려움을 자아내는

저 여인은 누구인가?

기도

영원한 도움의 성모님,

사랑하는 아드님의 수난과 죽음을 바라보실 때,

당신의 마음은 슬픔의 칼로 꿰찔리는 듯하였습니다.

상처 나고 슬퍼하는 당신 마음 안에서

제가 위로와 평화를 얻기에,

당신께서 저를 도와주시리라는

확신으로 당신 앞에 왔습니다.

제 청원을 들어주소서.

(기도 지향을 말한다)

연민과 사랑의 어머니이신 당신이 아니라면

누구에게 저의 청원을 말씀드리겠습니까?

당신은 죽어가는 예수님을 바라보면서,

당신께서 하느님께 드린 "예"라는 응답과

당신 아드님의 순종하는 울부짖음을

하나로 일치시키셨습니다.

"아버지, 제 영을 아버지 손에 맡깁니다"(루카 23,46).

저도 저 자신을 어머니 당신께 합하여 드리오니,

저의 고통을 당신의 고통과 결합시키시어

예수님께 봉헌해주소서. 아멘.

은총이 가득하신 마리아님 … (성모송)

영원한 도움의 성모님,

당신께 간구하는 저희를 위하여 빌어주소서.

마침기도 _ 11쪽

둘째 날: 마리아의 옷

시작기도 _ 9쪽

호칭기도 _ 10쪽

이콘 묵상

마리아가 망토 속에 입고 있는 옷은 붉은색이다. 붉은색은 당시 동정녀의 색이었다. 마리아의 망토는 감청색이다. 이 색은 팔레스티나 지역의 어머니들이 입던 옷의 색이었다. 이콘을 그린 화가가 이 두 가지 색을 선택한 이유는 마리아가 동정녀인 동시에 어머니이기 때문이다. 비잔틴 세계에서 짙은 빨강은 여왕에게만 사용될 수 있었던 색이다. 그러므로 짙은 빨강은 여왕이신 마리아를 상징한다. 고대 세계에서 자주색은 귀족의 색이었다(다니 5,7 참조).

푸른색은 하늘과 천국을 연상시킨다. 붉은색은 순교를 상징하는데, 모든 희생은 어떤 형태로든 자기 생명을 바치는 것을 요구하기 때문이다. 이콘의 전체 배경은 황금색이다. 이 색은 마리아와 예수가 함께 왕좌에 앉게 되는 천국을 상징한다. 마리아와 예수의 옷에도 황금색이 빛나는 것으로 묘사되어 있는데, 이는 예수와 마리아가 우리 마음에 전해줄 하늘나라의 기쁨을 보여주는 것이다.

  제르트루다 성녀는 어느 날 환시에서, 마리아의 푸른 망토 아래 아름다운 여인이 큰 사랑으로 그늘이 되어주고 있는 가난한 영혼의 무리를 보았다고 말한다. 성녀는 그 영혼들이 성모님의 여러 축일에 대한 다양한 신심을 지닌 사람들이라는 것을 깨달았다. 상상해보라, 마치 당신을 추위로부터 보호하려는 듯, 또는 당신을 어떤 위험으로부터 숨겨주려는 듯 마리아가 망토로 당신을 감싸고 있는 것을. 마리아의 그림을 바라볼 때, 그리고 마리아에게 더 가까이 다가갈 때 감도는 따뜻함을 느껴보라. 몇 분 동안만이라도 앉아서, 마리아의 옷자락에 감싸인 채 행복감을 느껴보라.

말씀 묵상

에제 16,13

이렇게 너는 금과 은으로 치장하고, 아마포 옷과 비단옷과 수놓은 옷을 입고서, 고운 곡식 가루 음식과 꿀과 기름을 먹었다. 너는 더욱더 아름다워져 왕비 자리에까지 오르게 되었다.

기도

동정 마리아여,

당신에 관한 영광스럽고도 놀라운 이야기들을 듣습니다.

당신은 그리스도인들의 영광이며 기쁨이십니다.

당신은 가난한 이들과 거부당한 이들의 보호자이십니다.

당신은 박해받는 이들의 피난처이며

영원히 우리를 도울 준비가 되어 있는 어머니이십니다.

오, 영광스럽고 힘 있는 구세주의 어머니시여,

사랑 가득한 보호의 빛으로 저희를 감싸주시고,

당신 망토 아래 저희를 거느리시어

해로운 모든 것으로부터 저희를 안전하게 지켜주소서. 아멘.

은총이 가득하신 마리아님 … (성모송)

영원한 도움의 성모님,

당신께 간구하는 저희를 위하여 빌어주소서.

마침기도 _ 11쪽

셋째 날: 마리아의 별

시작기도 _ 9쪽

호칭기도 _ 10쪽

이콘 묵상

마리아가 머리에 쓴 베일 한가운데 있는 별은 여덟 개의 금빛 직선으로 이루어져 있다. 그 옆에는 역시 별 모양의 금빛 십자가가 있다. 이 성화의 황금색과 마리아의 형상은 소년 예수의 머리가 잘 드러나도록 배경을 만드는 듯하다. 그리스도를 우리에게 보여주기 위해 마리아가 샛별이 되어주는 것처럼, 성화 속에서도 마리아는 소년 예수의 배경이 되어준다. 마리아는 진정 어머니다운 사랑으로 우리를 돕고 또 이끈다.

마리아는 그리스도의 빛을 세상의 어둠 속으로 가져오는 바다의 별이다. 온 우주에서 가장 밝게 빛나는 별인 우리의 하늘 여왕은 우리를 위해 하느님께 항구히 탄원한다. 마리아는 우리를 위해 힘 있게 전구하는 우리의 변호자이다. 동방박

사들을 베들레헴 구유로 이끌었던 별처럼, 마리아는 우리를 안전하게 하늘 본향으로 이끄는 별이다.

겨우내 깜깜한 북극처럼 어두운 세계를 상상해보라. 수억 개의 별로 가득 찬 하늘에, 별 하나가 가장 밝게 빛난다. 빛나는 그 아름다움이 우리의 시선을 끈다. 마리아는 모든 성인 중에 가장 빛나는 별로서, 우리가 당신 아드님에게로 가는 길을 밝혀준다. 눈을 감고, 마리아가 우리 삶에서 모든 별 중에 가장 빛나는 별이라고 상상해보라. 보통 우리는 별을 향해 소원을 빈다. 그러니 조용히 마리아를 향해 기도하라. 우리 청원을 예수께 전해달라고.

말씀 묵상

미카 5,3

그는 주님의 능력에 힘입어 주 그의 하느님 이름의 위엄에 힘입어 목자로 나서리라. 그러면 그들은 안전하게 살리니 이제 그가 땅끝까지 위대해질 것이기 때문이다.

기도

사랑하는 성모님,

당신은 어떻게 하면 저를 도울 수 있을지 알고 싶어 하십니다.

저를 보소서, 자애로운 어머니.

저를 비추시고 저를 위해 빌어주소서.

저의 희망이신 성모님,

저를 당신 아드님께 맡겨주소서.

저를 위해 예수님께 기도해주소서.

당신께서 저를 위해 기도해주신다면,

저는 결코 어둠 속에 있지 않을 것이며

영원한 행복으로 가는 길을 쉽게 찾을 수 있을 것입니다.

성모님 당신은,

당신께로 향하는 이라면 누구든지

도울 준비가 되어 있으십니다.

저를 위하여 빌어주소서.

저를 위한 기도를 멈추지 말아주소서.

제가 당신께 비나이다. 아멘.

은총이 가득하신 마리아님 … (성모송)

영원한 도움의 성모님,

당신께 간구하는 저희를 위하여 빌어주소서.

마침기도 _ 11쪽

넷째 날: 마리아의 손

시작기도 _ 9쪽

호칭기도 _ 10쪽

이콘 묵상

이콘에서 마리아는 가장 큰 부분을 차지하고 있지만 이콘의 가장 중심을 차지하지는 않는다. 우리가 보아야 할 이콘의 중심은 어머니와 아들의 손이 결합되어 있는 모습이다. 마리아의 펴진 오른손은 예수의 손을 잡고 있고, 손가락은 모두 예수를 향하고 있다. 마리아는 자신의 아들이 우리를 위해 목숨을 바친 하느님의 아들 예수 그리스도라고 알려주는 듯하다.

수난의 도구를 보고 두려움을 느낀 어린 예수는 어머니 품 안으로 뛰어들었다. 예수는 마리아의 손을 꼭 잡고, 마리아는 예수를 안심시키려 팔을 내뻗었다. 마리아는 아들을 안심시키며 자애로운 손길로 아들을 안고 있다. 그리고 마리아는 왼손으로 그리스도를 꼭 받쳐 들고 있는데, 그 모습은 마치 하느님의 어머니를 믿고 의탁함으로써 우리가 얻을 수 있는 안정감을 말해주는 듯하다. 마리아는 우리를 예수에게로 이끈다. 그리고 우리는 마리아 곁에서 예수를 찾을 수 있다.

어린아이였을 때, 무언가에 위협이나 두려움을 느껴서 누군가에게로 뛰어가본 적이 있는가? 어머니 또는 할머니, 아니면 당신 삶에서 어머니와 같은 누군가에게로. 마리아는 우리 모두의 영적인 어머니이다. 그래서 우리는 두려움을 느끼거나 무언가가 필요할 때, 언제든 마리아에게 의탁할 수 있다. 잠시 생각해보자. 지금 당신이 지닌 가장 큰 두려움은 무엇인지, 또는 가장 절실하게 필요한 것은 무엇인지. 그것을 마리아의 손에 놓고, 그 손을 꼭 잡아보라. 마리아가 어려운 상황에 있는 당신을 돌보도록 아들 예수에게 청할 것이다. 이것을 온 마음으로 믿으라. 그리고 잠시 멈추어서 마리아의 손을 꼭 쥐고 있는 당신 자신을 바라보라.

말씀 묵상

시편 22,10-11

당신은 저를 어머니 배 속에서 이끌어내신 분

어머니 젖가슴에 저를 평화로이 안겨주신 분.

저는 모태에서부터 당신께 맡겨졌고

제 어머니 배 속에서부터

당신은 저의 하느님이십니다.

기도

영원한 도움의 성모님,

당신은 하느님의 은총을 받아 복되시나이다.

당신은 구세주의 어머니일 뿐 아니라

구원된 모든 이의 어머니이기도 합니다.

오늘 저는 사랑받는 자녀로서 당신께 왔습니다.

저를 돌보아주시고 안전하게 지켜주소서.

어린 예수를 자애로운 손길로 안아주셨듯이,

저를 당신 품에 받아주소서.

전능하신 하느님께서 당신께 큰일을 하셨으며

하느님의 자비가 세세대대

당신을 사랑하는 이들에게 미치리니,

매 순간 저희를 도우려 기다리고 있는

어머니가 되어주소서.

유혹을 받을 때 당신을 부르지 않아

미아가 될지도 모른다는

크나큰 두려움이 저희 안에 있습니다.

사랑하는 어머니,

저희가 죄를 용서받고 예수님을 사랑하며

끝까지 인내하고 늘 당신을 부르는 은총을

얻을 수 있도록 전구해주소서. 아멘.

은총이 가득하신 마리아님 … (성모송)

영원한 도움의 성모님,

당신께 간구하는 저희를 위하여 빌어주소서.

마침기도 _ 11쪽

다섯째 날: 소년 예수

시작기도 _ 9쪽

호칭기도 _ 10쪽

이콘 묵상

어린 예수는 마리아의 왼쪽 팔 위에 앉아 있다. 예수의 얼굴은 평온하고, 그의 후광에서는 십자가가 빛난다. 예수의 후광 안에 빨간색 선이 십자가 형태를 이루고 있다. 성전 봉헌 이야기(루카 2,22-40)와 비슷하게, 소년은 봉헌될 희생제물처럼 보인다. 소년 예수의 어머니는, 고통 속에서도 무너지지 않고 강인한 모습으로 십자가 아래 서 있었던 마리아(요한 19,25)를 상기시킨다.

여러 가지 면에서 마리아는 예수님과 같다. 마리아는 그리스도의 슬픔, 곧 우리의 것이기도 한 그 슬픔과 고통을 나눈다. 그리고 그 슬픔을 자신의 것으로 받아들여, 기도를 통해 그 슬픔을 승화시킨다. 마리아는 자비의 어머니이기에, 우리를 돕고 위로하는 데서 기쁨을 느낀다. 사실, 마리아는 늘 우리를 더 많이 돕고 싶어 한다. 이 성화에서 소년 예수는 어머니의 손을 꼭 잡고 있다. 그리고 어머니로부터 위로받을 뿐 아니라 어머니를 위로하려는 듯, 어머니를 향해 기대어 있다. 예수는 모든 그리스도인이 "자신을 버리고 제 십자가를 지고 나를 따라야 한다"(마태 16,24)고 말했다. 당신 삶에서는 무엇이 십자가인가? 가장 견디기 어려운 것은 무엇인가? 예수가 그랬던 것처럼, 당신의 십자가들을 영원한 도움의 성모님께 가져가라. 그리고 그 십자가를 성모님께 내려놓으라. 어머니께 가는 예수를 마음으로 따라가보라.

말씀 묵상
루카 2,34

시메온은 그들을 축복하고 나서 아기 어머니 마리아에게 말하였다. "보십시오, 이 아기는 이스라엘에서 많은 사람을 쓰러지게도 하고 일어나게도 하며, 또 반대를 받는 표징이 되도록 정해졌습니다."

기도

오, 위대한 희망의 표징이신 영원한 도움의 동정녀시여,

구세주의 거룩한 어머니시여,

당신의 이름을 부릅니다.

새로워지기를 원하는 이들을 도와주소서.

가장 가난한 형제자매와 연대하여

미래를 향해 걸어가는 저희에게 기쁨을 주소서.

당신 아드님의 복음을 선포할 수 있는 용기를 주소서.

예수님은 진실로 평화로이 살기를 원하는

모든 인간관계의 시작과 끝이십니다.

이 유래 깊은 이콘에서

저희가 공경하는 소년 예수가 그랬듯

저희도 당신의 오른손을 잡게 하소서.

당신은 저희가 무언가 필요할 때

삶의 어려움을 겪을 때

저희를 도와주실 수 있는 힘과 선한 의지를 지니셨습니다.

지금 이 순간, 저는 당신께 속해 있습니다.

그러니 오소서,

그리고 저를 도와주소서.

저의 피난처가 되어주시고

저의 희망이 되어주소서. 아멘.

(교황 요한 바오로 2세의 기도)

은총이 가득하신 마리아님 … (성모송)

영원한 도움의 성모님,

당신께 간구하는 저희를 위하여 빌어주소서.

마침기도 _ 11쪽

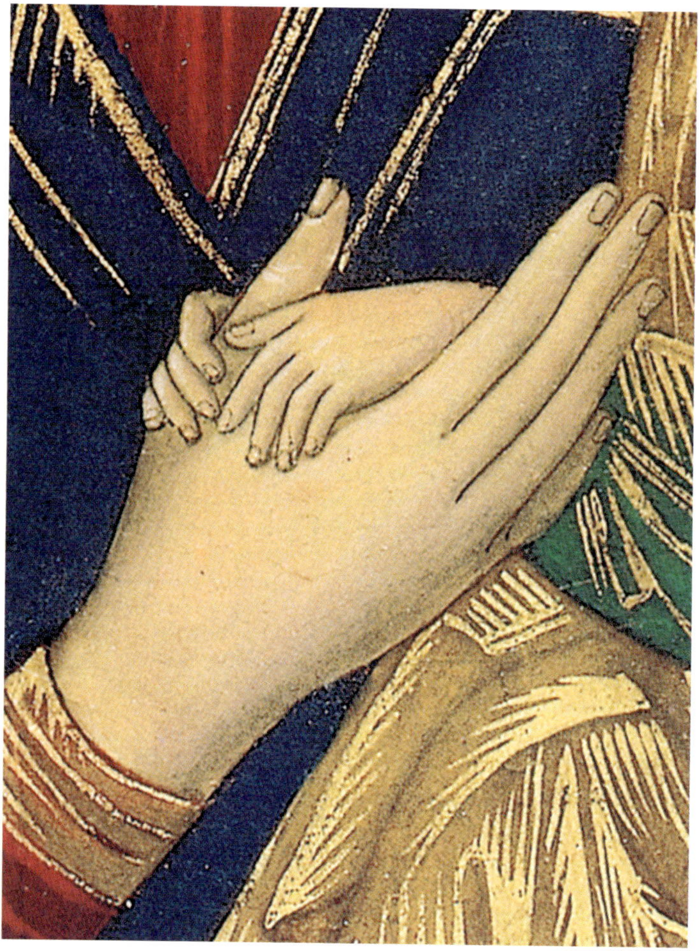

여섯째 날: 예수의 손

시작기도 _ 9쪽

호칭기도 _ 10쪽

이콘 묵상

천사의 출현은 예수가 미래에 겪게 될 수난을 예고한다. 이를 보고 겁에 질린 작은 소년은 자신을 보호해줄 어머니에게로 달려갔다. 마리아는 서둘러 예수를 들어 올려 품 안에 꼭 끌어안았다.

 예수의 양손은 마리아의 오른손을 꽉 잡고 있다. 이것은 우리가 기도하면서 마리아를 신뢰할 수 있다는 것을 보여준다. 마리아의 손안에 들어 있는 그리스도의 손은, 예수가 보호받기 위해 자신을 어머니 손에 온전히 맡긴 모습이다. 그처럼 이제 우리도 어머니의 부드럽고 사랑 가득한 돌봄에 우리 자신을 맡겨드릴 수 있다.

 당신을 도울 사람이 아무도 없다고 느껴본 적이 있는가?

그럴 때, 혼자라는 그 느낌에 잠시 머물러보라. 그리고 예수처럼 마리아의 손을 향해 당신의 손을 뻗어, 당신을 보호해줄 마리아의 손을 꼭 잡는다고 상상해보라.

말씀 묵상
요한 3,35

아버지께서는 아드님을 사랑하시고 모든 것을 그분 손에 내주셨다.

기도
나의 여왕이시여,
제 영혼을 하느님께로 이끌어주소서.
당신께서 제 손을 잡아 그 길로 이끌지 않으시면
저는 하느님께 가까이 갈 수 없습니다.
어머니 저를 잡아주소서.
제가 저항하거든 억지로라도 이끄소서.
당신의 사랑 가득한 친절함으로

저의 완고함을 부드럽게 하소서.

제가 세속적인 일에 얽매이지 않게 하시고,

오히려 하느님의 뜻과 조화를 이루게 하소서.

당신이 아드님께 청하는 것은 무엇이든지 늘 이루어집니다.

아드님께 저의 죄를 용서해달라고 빌어주소서.

그리고 제가 죽음을 맞이하는 순간까지

당신 아드님께서 저를 항구히 도와주시도록 청해주소서.

오, 성모님, 당신은 저의 대변자이십니다.

제가 하느님과 친밀하게 일치하도록 이끌어주소서.

당신께 의탁하나이다. 아멘.

은총이 가득하신 마리아님 … (성모송)

영원한 도움의 성모님,

당신께 간구하는 저희를 위하여 빌어주소서.

마침기도 _ 11쪽

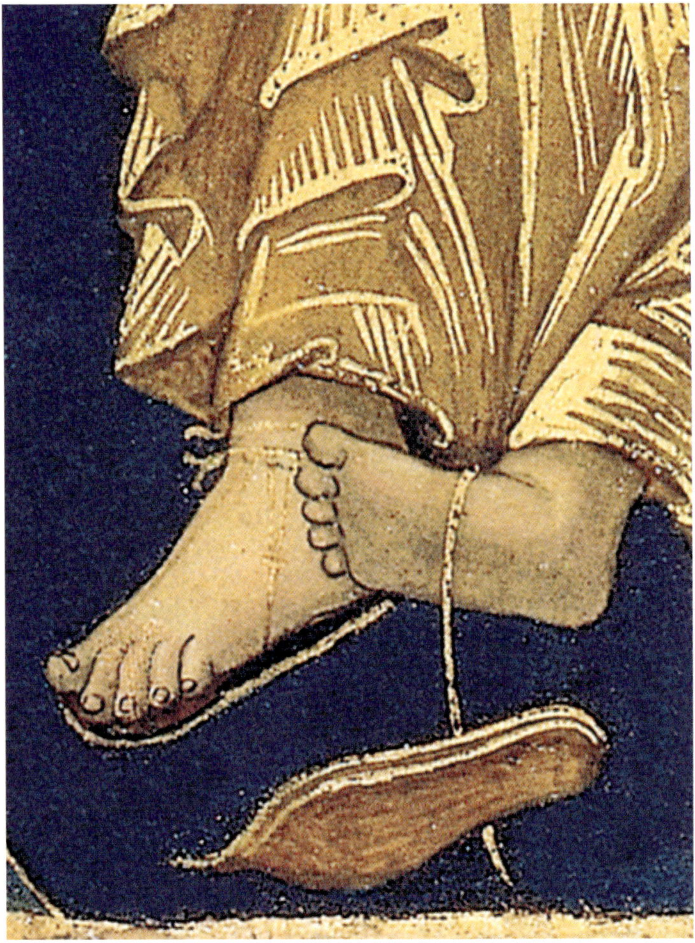

일곱째 날: 예수의 샌들

시작기도 _ 9쪽

호칭기도 _ 10쪽

이콘 묵상

소년 그리스도는 자신이 겪게 될 수난에 쓰일 도구를 든 두 천사를 보고 놀라서 어머니께로 달려갔다. 긴장한 듯 오른발은 왼발의 복사뼈 쪽으로 엇갈려 있다. 화가는 매우 급하게 어머니께로 달려가야 했던 예수의 다급함을 묘사하기 위해 오른쪽 샌들이 벗겨진 채로 매달려 있는 모습을 그렸다. 성화는 우리에게 예수의 발바닥을 보여준다. 예수가 하느님이면서 또한 인간이라는 증거이다. 그것은 또한 그리스도의 수난을 묵상하는 이는 누구나 구원을 받고, 영원한 유산에 발을 들여놓는다는 사실을 보여준다.

  예수는 삶의 마지막 순간에, 마리아를 모든 믿는 이의 어머니로 주셨다. "이분이 네 어머니시다"(요한 19,27). 마리아는 우리를 예수에게 데려가기 위해 자녀로 삼으셨다. 마리아는 어머니가 필요한 모든 이를 부르신다. 마리아는, 사랑 가득한 어머니인 당신께로 우리가 달려오기를 바라신다. 어머니가 자식을 얼마나 사랑하는지 우리 모두는 잘 안다. 그러니 영적 자녀들을 향한 어머니 마리아의 사랑을 상상해보라. 마리아는 보호받기 위해 당신께로 달려온 모든 이의 피난처가 되어줄 수 있는 요새이다.

  모든 두려움과 어려움을 지금 바로 마리아께 바쳐드려라. 그리고 영원한 도움의 성모 이콘을 바라보며 "이분이 네 어머니시다"라는 말씀을 새겨보라. 성모님께 우리 자신의 언어로, 어머니의 자녀로서 말씀드려라. 성모님을 사랑한다고.

말씀 묵상

창세 3,15

나는 너와 그 여자 사이에, 네 후손과 그 여자의 후손 사이에 적개심을 일으키리니 여자의 후손은 너의 머리에 상처를 입히고 너는 그의 발꿈치에 상처를 입히리라.

기도

영원한 도움의 성모님,

당신 자녀인 저희가 당신 앞에 나왔습니다.

저희가 온전히 구원받기를 바라는

아드님의 원의를 당신은 잘 아십니다.

하느님 외에는,

당신보다 더 우리의 구원을 바라는 이가 없습니다.

어머니의 기도로써

저희를 도와주소서.

그리스도의 어머니,

아드님이 수난을 당하고 죽음을 맞이하실 때,

당신을 저희에게 어머니로 주셨습니다.

저희의 청원을 당신께 드리오니

어머니의 사랑으로

저희를 돌보아주실 것을 믿습니다.

당신 보호 아래 저희를 모으시어

언젠가는 어머니와 모든 천사와 성인과 함께

하늘나라의 기쁨을 나누고 누릴 수 있도록

저희를 이끌어주소서. 아멘.

은총이 가득하신 마리아님 … (성모송)

영원한 도움의 성모님,

당신께 간구하는 저희를 위하여 빌어주소서.

마침기도 _ 11쪽

여덟째 날: 가브리엘 대천사

시작기도 _ 9쪽

호칭기도 _ 10쪽

이콘 묵상

이콘의 위쪽 양 끝에 두 천사가 있다. 오른쪽에 자색 옷을 입은 천사가 가브리엘 대천사이다. 가브리엘은 세 개의 가로대가 있는 십자가와 네 개의 못을 들고 있다. 수난에 대한 이 환시가 소년을 두렵게 만든 듯하다. 가브리엘은 잉태 예고에서 마리아에게 기쁜 소식을 전했다. 그런데 지금은 예수에게 수난의 상징을 보여준다. 예수는 그것을 보고 두려움을 느낀다.

   그러나 가브리엘은 예수를 흠숭하며 수난의 상징을 예수에게 봉헌하는 것처럼 보인다. 그러므로 수난의 도구들은 미래의 두려운 사건을 예언하는 것이기보다 부활의 영광스러운 상징, 즉 십자가의 영광을 상징하는 것이라고 볼 수 있다. 이콘의 모든 요소가 고통의 현실을 분명하게 나타내는 동시에 예수님의 승리도 강조한다. 황금색 배경이 그 승리를 묘사한다. 십자가와 못은 파괴의 조짐 그 이상이다. 십자가와 못은 부활절 아침에 골고타에서 가져온, 예수님 승리의 기념품과 같다.

지금 겪는 어려움과 고통이, 어떻게 당신을 더 강인한 덕을 지닌 사람으로 성장케 하는 도구가 될 수 있을지를 생각하며 가브리엘 대천사와 이야기를 나누어보라. 당신 삶에서 두렵고 무섭게 다가오는 모든 것이 지닌 긍정적인 면을 볼 수 있도록 도와달라고 가브리엘 대천사에게 청해보라.

말씀 묵상
루카 1,32-33

그분께서는 큰 인물이 되시고 지극히 높으신 분의 아드님이라 불리실 것이다. 주 하느님께서 그분의 조상 다윗의 왕좌를 그분께 주시어, 그분께서 야곱 집안을 영원히 다스리시리니 그분의 나라는 끝이 없을 것이다.

기도

영광스러운 가브리엘 대천사, 하느님의 힘이시여,

당신은 마리아가 그리스도의 어머니가 되리라는 사실을

알리기 위해 동정 마리아에게 나타나셨습니다.

지극히 높으신 분의 거룩한 사절이시여,

위급한 때에 저희를 위하여 빌어주소서.

위대한 대천사 가브리엘,

저희 삶의 여정에서 안내자가 되어주시고

또한 보호자가 되어주소서.

저희를 예수님과 성모님 가까이로 이끌어주소서. 아멘.

은총이 가득하신 마리아님 … (성모송)

영원한 도움의 성모님,

당신께 간구하는 저희를 위하여 빌어주소서.

마침기도 _ 11쪽

아홉째 날: 미카엘 대천사

시작기도 _ 9쪽

호칭기도 _ 10쪽

이콘 묵상

이콘 왼쪽 위에는 미카엘 대천사가 있다. 붉은 옷에 녹색 망토를 걸치고 있는 미카엘은 가브리엘과는 또 다른 수난 도구를 보여준다. 창, 해면이 달린 장대, 그리고 신 포도주가 담긴 그릇이 그것이다.

성 보나벤투라는, 마리아에게 청원을 드린 이들이 죽음을 맞이할 때 마리아가 그들을 변호하기 위해 미카엘 대천사와 천사들의 무리를 보낸다고 말한다. 마리아는 자신에게 끊임없이 의탁해왔던 이들의 영혼을 미카엘 대천사가 받아주도록 그에게 청한다.

죽음을 떠올릴 때 가장 두려운 것은 무엇인가? 마리아 신심을 지닌 사람으로서, 미카엘 천사가 악의 힘으로부터 당신을 지켜줄 것이라는 믿음을 가져라. 미카엘 천사의 도구가 당신을 예수 그리스도와 그분의 어머니께로 이끈다는 것을 상상해보라. 단지 죽음의 순간뿐만이 아니라 기도하고 묵상하는 지금 이 순간에도 그 상상을 통해 위로를 얻으라.

말씀 묵상
다니 12,1

그때에 네 백성의 보호자 미카엘 대제후 천사가 나서리라. 또한 나라가 생긴 이래 일찍이 없었던 재앙의 때가 오리라. 그때에 네 백성은, 책에 쓰인 이들은 모두 구원을 받으리라.

기도

영광스러운 대천사 미카엘이여,

당신은 교회의 수호자이며 죽는 이들의 보호자이고

악령을 없애는 분이십니다.

저희에게 오시어 지금 필요한 도움을 주소서.

하늘의 영광스러운 왕자시여,

당신의 힘 있는 보호의 빛으로 저희를 감싸주소서.

저희의 정신을 깨워주시고 마음을 불타오르게 하시어

저희가 우리의 주님이시며 구원자이신

예수 그리스도의 참된 증거자가 되게 하소서. 아멘.

은총이 가득하신 마리아님 … (성모송)

영원한 도움의 성모님,

당신께 간구하는 저희를 위하여 빌어주소서.

마침기도 _ 11쪽

영원한 도움의 성모께
전구를 청하는 기도

죄인들의 회개를 위하여

영원한 도움의 성모님,

당신은 불멸의 영혼이 지닌 가치를 잘 아십니다.

모든 영혼은 당신 아드님의 귀한 피로 구원되었기 때문입니다.

쉽게 영원한 파멸의 길로 들어서는 죄인들이 회개하기를

간절히 청하는 저의 기도를 들어주소서.

어머니, 당신이 죄인들의 피난처라는 것을 저는 압니다.

또한, 가장 완고한 죄인일지라도 회개하도록 이끄는 능력을

하느님께서 당신에게 주셨다는 것도 압니다.

지금까지 그 어느 것도

이 사람의 잘못된 삶의 방식을 바꾸지 못했습니다.

그러니 당신 아드님에게서 회개의 은총을 얻어주소서.

자애로우신 어머니,

당신은 이미 많은 죄인이 친척과 친구들의 기도를 통해서,

회개하도록 도우셨으니

저의 기도도 들어주소서.

이 불쌍한 영혼이 진정으로 회개할 수 있도록 도와주소서.

영원한 도움의 성모님,

당신이 진정 죄인들의 피난처임을 보여주소서.

아멘.

병을 앓고 있을 때

영원한 도움의 성모님,

당신은 제가 병 때문에 얼마나 고통받고 있는지를 아십니다.

몸만이 아니라 저의 영혼까지 힘든 처지입니다.

기도해야 하는데 기도할 힘조차 없습니다.

그 어떤 것도 저의 마음을 편안케 하지 못합니다.

친구들의 방문이나 그들이 건네는 연민의 마음도

제게는 위로가 되지 않습니다.

용기는 거의 사라졌고

더이상 인내할 힘도 없으며 슬픔만 가득합니다.

누구보다 부드럽고 사랑 가득하신 어머니,

이렇게 어려움과 고통 속에 있는 제가 당신께 의탁합니다.

저를 불쌍히 여기소서.

자애로우신 어머니,

당신의 충실한 자녀, 그러나 지금 곤경에 처한 자녀가

앓고 있는 병을 기억해주소서. (구체적인 병명을 말씀드린다)

당신 아드님이신 예수님께,

제가 하느님 뜻 안에서 인내와 순종으로,

병을 받아들이고 이겨낼 수 있도록 용기와 힘을 청해주소서.

하느님께서 원하신다면,

제가 건강을 회복할 수 있도록 전구해주시고

만일 제가 고통받는 가운데 하느님의 뜻이 있다면,

또는 이 병을 통해 하느님께서 저를

더 나은 삶으로 이끌려고 하신다면,

제가 온전히 그 뜻에 순종하도록 전구해주소서.

사랑의 어머니,

하느님께서 원하시는 것이라면 무엇이든 할 수 있는 은총을

당신께서 얻어주실 수 있다고 저는 믿습니다.

아멘.

경제적 어려움에 처했을 때

우리의 어머니이신 성모님,

당신께서는 영적인 필요뿐 아니라

물질적인 필요에도

영원한 도움이 되어주신다는 것을 압니다.

겸손한 마음과 어린아이가 지닌 단순한 믿음으로

현재 저희가 겪는 경제적 어려움을 도와주시기를

당신께 청합니다.

저희는 지금,

예측할 수 없는 상황 때문에 부채를 해결할 수 없게 되어

매우 긴박한 처지에 놓여 있습니다.

사랑하는 어머니,

부와 번영을 청하는 것이 아닙니다.

단지 지금 저희를 압박하고 있는 의무를 이행할 수 있도록

도와주시기를 청할 뿐입니다.

당신은 하늘과 땅의 여왕이시요,

아들 예수께서 주시는

무수한 은총의 분배자이십니다.

당신이 모든 충실한 자녀들에게

친절하고 너그럽다는 것을 저희는 압니다.

사랑하는 어머니,

지금 저희에게 절박한 경제적 도움을 얻을 수 있도록

도와주소서.

감사드리나이다, 어머니.

당신의 영원한 도움이

더 멀리 또 더 널리 알려지게 할 것을 약속드립니다.

아멘.

부르심을 알기 위하여

영원한 도움의 성모님,

당신 발아래 있는

보잘것없고 사랑스러운 자녀를 보소서.

하느님께서 저를 위해 계획하신 삶에서

제가 주님의 부르심을 알아차리고

그분을 따라가기 위해서는

당신의 도움이 필요합니다.

영원한 도움의 성모님,

당신 아드님께서 은총을 통해 부르신 대로 살아갈 때

구원의 길에 더 가까워진다는 것을 저는 압니다.

제 유일한 소망은,

미래에 일어날 모든 일에서

하느님의 뜻을 따르는 것입니다.

그래야만 영원한 구원에 이를 수 있기 때문입니다.

제가 하느님께서 품으신 계획이 이루어지는 가장 좋은 길,

곧 '부르심'을 선택할 수 있도록,

그래서 영원히 주님을 뵙고 소유할 수 있도록

저를 이끌어주소서.

아멘.

연옥 영혼들을 위하여

영원한 도움의 성모님,

가엾은 연옥 영혼들을 기억하소서.

무서운 불 속에서 고통을 당하며,

주님 뵙기를 갈망하는 연옥 영혼들을 굽어보소서.

당신께 청하오니,

연옥 영혼들의 고통을 덜어주시고,

그들이 연옥에서 해방될 수 있도록 도와주소서.

(특별히 ○○○를 기억하소서)

어머니,

연옥 영혼들을 형벌의 땅에서

천상 아버지의 나라로 인도하소서.

당신 태중의 아들이시며,

연옥 영혼들이 이 세상에서

사랑하고 갈망한 예수님을 보여주시어,

그들이 천국에서 영원한 기쁨을 누리게 하소서.

아멘.

화목한 가정을 위하여

영원한 도움의 성모님,

거룩한 아기 예수와 성 요셉과 함께 사셨던

나자렛 성가정의 사랑과 평화를 떠올려봅니다.

어머니,

당신은 하늘 높은 곳에서

저희 가정을 내려다보고 계시니,

저희도 사랑과 평화 속에 일치하여

함께 살아갈 수 있도록 도와주소서.

사랑 안에 서로 아껴주는 마음,

서로에게 최선을 다하는 마음을 주시며,

하느님께 대한 의탁과 신앙이

저희 가정이 누리는 행복의 뿌리가 되게 하소서.

그리하면,

선한 지향을 지닌 모든 이에게 약속하신 천상 행복으로

가족 모두가 기뻐할 것입니다.

평화의 모후이신 성모 마리아님,

저희 가정을 도와주시어

하느님의 축복을 얻게 하소서.

아멘.

영원한 도움의 성모
이콘으로 드리는 9일 기도

서울대교구 인가: 2019년 4월 30일
초판 1쇄 펴낸날: 2019년 6월 27일
6쇄 펴낸날: 2023년 10월 25일
펴낸이: 나현오
엮은이: 데이비드 베르트만
옮긴이: 영원한 도움의 성모 수도회
펴낸곳: 성서와함께
06910 서울특별시 동작구 흑석로13길 7
Tel: (02)822-0125~7 / Fax: (02)822-0128
http://www.withbible.com
e-mail: order@withbible.com
등록번호 14-44(1987년 11월 25일)

ⓒ 성서와함께 2019
성경 ⓒ 한국천주교중앙협의회

ISBN 978-89-7635-346-7   93230